Jutta Langreuter
Piratengeschichten für 3 Minuten

Jutta Langreuter

wurde in Kopenhagen geboren und lebt heute mit ihrer Familie in München. In ihrem Beruf als Diplompsychologin hat sie lange mit Kindern gearbeitet. Heute besitzt sie einen Kinderbuchladen und schreibt seit vielen Jahren selbst Kinderbücher.

Kerstin M. Schuld,

geboren 1964, hat schon als Kind am liebsten gemalt und gezeichnet. Nach dem Abitur studierte sie zunächst Jura, machte sich aber nach abgeschlossenem Studium als freischaffende Künstlerin selbstständig. Inzwischen konnte sie ihren eigentlichen Traum verwirklichen: Seit 2002 illustriert und schreibt sie mit großer Begeisterung Kinderbücher für verschiedene Verlage.

Jutta Langreuter

Piratengeschichten für 3 Minuten

Mit farbigen Bildern von Kerstin M. Schuld

Arena

3. Auflage 2009
© Arena Verlag GmbH, Würzburg 2007
Alle Rechte vorbehalten
Einband und Innenillustrationen: Kerstin M. Schuld
Gesamtherstellung: Westermann Druck Zwickau GmbH
ISBN 978-3-401-08932-4

www.arena-verlag.de

Inhalt

Auf dem Piratenschiff ist der Teufel los!

Piratenpapa brüllt, Piratenmama schreit, Piratenjunge Oliver heult, sein Bruder Moritz schnauft vor Wut mit roten Backen und Piratenmädchen Püppi stampft un- unterbrochen so zornig mit dem Fuß auf, dass die Schiffsbohlen zittern.

»Nicht einmal«, brüllt Piratenpapa, »nicht einmal kön- nen ich und Mama mal kurz ein Mittagsschläfchen in der Kajüte halten – sofort passiert hier oben an Deck was! Hör mit dem Stampfen auf, Püppi!«

»Wir haben doch nur das Sturmsegel gesetzt«, ruft Püp- pi und stampft weiter.

»Und – war Sturm da?«, keift Piratenmama. »Wo ist hier ein Sturm? Und den Kurs Nord-Nordost habt ihr auch nicht eingehalten!«

»Wir fanden den Kurs Süd-Südwest genauso gut«, brummelt Oliver trotzig.

»Jaaa – wenn ich nicht rechtzeitig aufgewacht wäre, wären wir jetzt schon auf dem Weg nach Afrika!« Piratenpapa rauft sich die Haare. »Ganz, ganz weit weg von zu Hause!«

»Na und?«, mault Moritz, »zu essen haben wir ja genug an Bord.«

»Wir wollten euch überraschen!« Püppi stampft weiter mit dem Fuß auf, ihre Zöpfe wippen.

»Das ist euch ja gelungen«, zetert Piratenmama. »Und wer hat von unserem Fischfang alle Tintenfische wieder ins Meer geschubst? Ich kann's mir denken!«

Püppi hört mit dem Stampfen auf. Natürlich hat sie die Tintenfische wieder ins Meer geschubst. Tintenfische sind ihre Lieblingstiere. Niemand soll sie essen.

Piratenpapa und Piratenmama sind immer noch wütend, als das Schiff wieder auf der Pirateninsel ankommt.

Alle Piraten stehen besorgt am Ufer: Piratenopa, Tante Jenny, Onkel Herbert, Onkel Tobi, Piratenotto, Tante Lulu und auch Herr Deichmann und Familie Lamba. Herr Deichmann und Familie Lamba sind von den Piraten entführt worden. Alle warten darauf, dass Lösegeld für sie bezahlt wird. Den Entführten geht es sehr gut auf der Pirateninsel. Herr Deichmann genießt die schöne Zeit ohne Arbeit und spielt täglich mit Herrn Lamba, einem wichtigen afrikanischen Politiker, gemütlich Schach. Nur an seinen Sohn denkt er oft voller Sehnsucht.

»Wir dachten schon, ihr wärt gekapert worden«, begrüßt Onkel Herbert die Heimkehrer.

»Oder in einen Sturm geraten und ertrunken«, schreit Tante Jenny.

»Sturm – von wegen!«, seufzt Piratenpapa wütend.

»Oder als Sklaven mitgenommen worden«, brummt Piratenopa.

»Oder von der Marine geschnappt worden«, ruft Tante Lulu.

Alle seufzen, denn von der Marine geschnappt zu werden – das ist ja das Aller-allerschlimmste!

Oliver, Moritz und Püppi müssen sofort ins Bett.

Piratenmama und Piratenpapa erzählen den anderen, was passiert ist.

»Was macht man nur mit so ungezogenen Kindern?«, fragen sie.

»Eine tüchtige Tracht Prügel hat zu meiner Zeit immer geholfen«, murmelt Piratenopa.

»Die kriegen einfach keinen Nachtisch mehr«, bestimmt Tante Jenny.

»Drei Wochen lang dürfen sie auf kein Schiff«, schlägt Piratenotto vor.

»Ist das nicht ein bisschen sehr hart?«, fragt Onkel Herbert.

»Es ist doch alles ganz klar«, sagt Onkel Tobi. »Moritz und Oliver wollen endlich richtige Piraten sein! Sollen sie doch! Jeder Pirat muss sich früher oder später bewähren! Oliver und Moritz bekommen mein kleines Schiff, das ich nicht mehr brauche. Und erst wenn sie einen Schatz erbeutet haben, dürfen sie zurückkommen. Ja, das Leben ist das Leben.«

Alle – außer Piratenpapa und Piratenmama – finden, dass das eine gute Idee ist.

Am nächsten Tag lachen und strahlen Oliver und Moritz. Sie bekommen ein Schiff und dürfen richtige Piraten sein!

Aber was ist mit Püppi? Sie stampft mit dem Fuß auf, dass es nur so staubt.

»Das ist so ungerecht, wenn ich nicht mitdarf!«, brüllt sie.

»Für ein Mädchen ist das zu gefährlich«, bestimmt Piratenmama.

»Dann will ich kein Mädchen sein!«, schreit Püppi, holt sich ein Piratenmesser und fängt an, sich einen Zopf abzuschneiden.

»Ja, in welcher Zeit leben wir denn?«, ruft Tante Jenny empört. »Natürlich fährt Püppi mit. Heutzutage dürfen Mädchen alles, was Jungs dürfen!«

»Es hat schon berühmte Piratinnen gegeben«, meint Tante Lulu

»Sie ist genauso mutig wie ein Junge«, sagt Onkel Tobi.

»Die steckt doch die Jungs in die Tasche«, flüstert Herr Lamba Herrn Deichmann zu.

Also darf Püppi mit Oliver und Moritz mitfahren.

Hat Piratenmama Püppi, Oliver und Moritz beim Abschied einen Kuss gegeben? Könnte sein.

Das Seeungeheuer

Das Meer ist ruhig, ein leichter Wind weht, und die drei kleinen Piraten Oliver, Moritz und Püppi genießen das Leben auf See.

Oliver deutet auf das Meer: »Dahinten sind ganz viele Möwen – hört mal, wie sie kreischen!«

»Möwen kreischen doch immer.« Moritz putzt sich die Brille.

»Sie kommen immer näher«, stellt Oliver fest.

»Sie verfolgen einen Fischschwarm.« Püppi hat mehrere Garnrollen in der Hand. Welche Farbe soll sie nehmen, um die Piratenflagge zu flicken?

»Aber irgendwas ist komisch«, sagt Oliver, »da ist was Großes, Dunkles im Meer.«

»Ja, der Fischschwarm«, lacht Moritz. »Wenn ich jetzt nicht gerade so faul wäre, würde ich die Angel holen und . . . was ist denn los, Oliver?«

Oliver ist ganz blass geworden. Mit schreckgeweiteten Augen zeigt er auf das Meer.

Püppi dreht sich um. »Da ist gar nichts«, sagt sie.

»W-w-weil es gerade wieder u-u-untergetaucht ist«, stottert Oliver.

»Was denn?«, fragen Moritz und Püppi gleichzeitig.

»Das . . . das Seeungeheuer«, stammelt Oliver, »da wo die Möwen sind, da . . . da . . .«

Wieder schauen Moritz und Püppi auf die Stelle, auf die Oliver zeigt.

Sie sehen nur die Möwen.

»Oliver, bist du krank?«, fragt Püppi besorgt. »Da ist kein Seeungeheuer und gar nichts.«

»Weil es wieder untergetaucht ist«, jammert Oliver, »wie sollen wir uns retten . . .«

»Aaaah!«, schreien Moritz und Püppi gleichzeitig.

Etwas Riesiges ist aufgetaucht, direkt neben ihrem Schiff! Ein Monster, ein Seeungeheuer!

Es ist ungefähr genauso lang wie ihr Schiff. Sein grüner, schuppiger Schlangenkörper mit vier verkümmerten Beinchen dran mündet in einen großen, wassertriefenden Kopf mit einer roten, fächerförmigen Flosse obendrauf!

Als das Ungeheuer sie mit zwei großen Katzenaugen anschaut und sein Maul mit unzähligen spitzen gelben Fangzähnen öffnet, rast Oliver in die Kombüse. Moritz klettert die Wanten hoch.

Und was macht Püppi?

Sie zieht ihr Piratenmesser.

»Hach«, zischt das Ungeheuer und stellt seine Kopfflosse auf, »immer dasssselbe!«

Das Seeungeheuer kann reden!

»Was ist immer dasselbe?«, fragt die mutige kleine Püppi, das Piratenmesser in der Hand.

»Alle haben Angsssst vor mir!«, seufzt das Seemonster.

»Mit deinem Maul schluckst du uns ja auch mit einem einzigen Happs runter«, schimpft Püppi, »und da soll man keine Angst haben!«

Kampfbereit steht sie da.

»Sssteck deine Waffe weg«, zischt das Monster, »ich fressse doch nur Algen!«

»So siehst du aber gar nicht aus«, ruft Moritz vom Mastkorb herunter.

»Das issst es ja« – das Monster macht einen gurgelnden
Seufzer – »ich sssehe ganz andersss aus, alsss ich bin.
Wasss für ein Unglück!«

Oliver ist jetzt aus der Kombüse gekommen. »Und wie
heißt du?«, fragt er.

Mit seinen zwei feinen, länglichen Zun-
gen blubbert und prustet das Monster, sodass Moritz' Brille beschlägt.
Es klingt wie »Pschschrrr«.

»Ist das dein Name?«, fragt
Püppi.

»Ja, so heiße ich«, sagt
das Monster.

»Ich glaube, wir nennen dich lieber Bobby«, bestimmt Püppi.

Moritz und Oliver sind herbeigekommen und staunen Bobby an.

»Ja, schaut nur«, klagt Bobby, »ich weisss, dasss ich sssehr hässslich bin.«

»Aber nein!«, ruft Püppi, »deine Flossen sind so schön grün! Und die rote Flosse am Kopf sieht richtig verrückt aus!«

»Aber meine gelben Zähne«, jammert Bobby. »Immer sind da Algen und Muschelstückchen drin, ich trau mich ja kaum, dasss Maul aufzumachen!«

Da holt Oliver die Scheuerbürste, und gemeinsam putzen sie Bobby die Zähne.

»Ihr seid echte Freunde!«, ruft Bobby glücklich. »Ich komme wieder!«

Ein Schiff wird gekapert

»Taue straffen!«, brüllt Oliver, »beidrehen!«

»Schnell – ran an die Brassen!«

»Aye, aye«, schreit Püppi zurück.

»Enterhaken klar«, ruft Moritz und wirft die Enterhaken aus.

Die drei kleinen Piraten Moritz, Püppi und Oliver überfallen gerade ein fremdes Schiff!

KLONK – die beiden Schiffe stoßen aneinander, und mit lauten Schreien klettern Moritz, Oliver und Püppi über die Reling.

»Geld oder Leben!«, ruft Püppi.

Die Schiffe schaukeln, während Oliver die beiden Männer auf dem fremden Schiff blitzschnell fesselt.

»Wir sind Fischer . . .«, stammelt der eine. »Ich heiße
Sven, und das hier ist Ole . . .«

»Quatsch, sagt, wo das Gold ist«, ruft Püppi.

Moritz hat inzwischen den Anker gesetzt und sucht
nach Beute. Auf einmal zucken alle an Bord zusammen.
Lautes Babyschreien ertönt.

Oliver zieht eine junge Frau aus der Kombüse hervor.
Sie hat auf dem Arm ein etwa einjähriges Baby
mit strubbeligen Haaren.

»Das ist Britta«, erklärt Sven, »und das ist unser Baby.«

Das Baby greint und schluchzt wieder.

»Wie heißt das Kind?«, fragt Püppi.

»Mats«, antwortet Britta.

»Hör mal, Mats«, sagt Püppi mit leiser, lieber Stimme, »hallo, nicht weinen, du . . .«

Der kleine Mats schaut Püppi kurz still an und fängt dann wieder laut zu brüllen an. Oliver nimmt sein Piratentuch ab, hält es sich vor das Gesicht und schaut dann dahinter hervor: »Kuckuck, Mats, kuckuck«, ruft er.

Mats schreit weiter.

»Ich geh noch mal in die Kajüte«, seufzt Oliver, »vielleicht finde ich da ja was Wertvolles.«

»Was?«, fragt Püppi. »Ach so, ja.« Sie ist mit dem Kind beschäftigt, das immer noch schreit.

»Habt ihr Fische gefangen?«, fragt sie.

»Ja, dort im Eimer«, sagt Ole.

»Willst du Fische mitnehmen?« Moritz guckt erstaunt.

»Nein.« Püppi hat einen lebendigen, kleinen Tintenfisch gefunden. Damit geht sie zu dem schreienden Mats und legt sich einen Arm des Tintenfischs auf den nackten Handrücken, an dem er sich sofort festsaugt.

»Schau Mats«, sagt sie und löst den Tintenfischarm von ihrer Haut.

»Plopp«, lacht sie dabei jedes Mal. »Plopp, plopp.«

Und der kleine Mats? Hört auf zu schreien und fängt jetzt an, bei jedem Plopp zu kichern.

Oliver kommt enttäuscht aus der Kajüte. »Nichts Wertvolles da«, sagt er.

Püppi zeigt Mats noch mal den Tintenfisch. »Der muss jetzt nach Hause ins Meer. Schwupp-di-wupp«, ruft sie und wirft den Tintenfisch über die Reling.

Eine Weile stehen alle ein wenig verlegen an Deck. Nur der kleine Mats hat jetzt gute Laune. »Dupp – dupp«, lacht er.

»Wir haben aber das Schiff gekapert«, ruft Moritz, »und ich will von hier was mitnehmen!«

»Habt ihr Linsen, Früchte, Kartoffeln, Mehl?«, fragt Oliver.

»Ja«, sagt Sven.

»Sagt mal, habt ihr sie noch alle?«, herrscht Püppi Moritz und Oliver an und stampft mit dem Fuß auf: »Die haben hier ein kleines Kind an Bord,und ihr wollt denen Essen wegnehmen?!«

»Nicht richtig«, meint Moritz verlegen.

Püppi macht die Fesseln von Sven und Oliver wieder los.

»Tja«, sagt Ole, »tut uns irgendwie leid.«

»Tja«, sagen Oliver und Moritz, »nichts zu machen.«

»Hört mal, so einfach ist es auch nicht«, ruft Püppi. »Wir haben euch zwar nicht ausgeraubt – aber dafür müsst ihr allen, die ihr trefft, erzählen, wie mutig, erbarmungslos und tollkühn die Piraten Oliver, Moritz und Püppi sind!«

»Und die Schrecken der sieben Weltmeere! Das müsst ihr auch sagen!«, ruft Oliver.

»Geht klar«, rufen Sven, Ole und Britta zurück.

Beim Abschied winken sie.

Das Baby winkt auch. »Dupp – dupp«, lacht es.

Der Schluckauf

»Schaut mal, da ist Bobby!« Püppi zeigt aufs Meer.
Bobby taucht auf, und auf seinem Rücken sitzt jemand!
Ein junger Mann, über und über mit Zacken und
Flossen am Körper und Schwimmhäuten zwischen den
Fingern und Zehen, reitet auf Bobbys Rücken zu ihnen
heran und verneigt sich.

»Seid mir gegrüßt, Oberwasserwesen«, sagt er, »ich
heiße Nautus.«

»Äh, hallo«, sagt Moritz.

»Normalerweise pflegen wir keinen Kontakt zu Oberwasserwesen«, fährt Nautus fort. »Die Menschen haben nur
eines im Sinn: uns Meerwesen mit ihren Waffen umzu-
bringen. Aber Pschschrrr« – Nautus blubbert Bobbys Na-
men – »hat mir erzählt, wie freundlich ihr seid.«

Als Püppi das hört, versucht sie, so unauffällig wie möglich ihr Piratenmesser in ihrem Gürtel zu verstecken.

»Wir brauchen eure Hilfe unten im Meer«, bittet Nautus. »Unser kleiner Thronfolger hat Schluckauf, und niemand bekommt ihn weg! Die Meereshexe Lulla hat mit ihren weisen Augen hellgesehen, dass Menschenkinder Hilfe bringen.«

»Aber . . . aber . . .«, sagt Püppi.

»Pschschrrr bringt euch jetzt auf den Meeresgrund«, unterbricht Nautus sie.

»Aber«, protestiert Püppi, »wir ertrinken doch im tiefen Wasser!«

Nautus zieht eine kleine Perlmuttflasche aus einer Flossenfalte hervor. »Lulla hat mir etwas mitgegeben. Ein Schluck davon, und ihr ertrinkt nicht.«

Die drei kleinen Piraten trinken jeder einen kräftigen, fischig schmeckenden Schluck und setzen sich zusammen mit Nautus auf Bobbys Rücken.

Und dann geht es hinunter in die zauberhafte Unterwasserwelt.

Das Atmen unter Wasser geht ganz leicht. Gelbe, blaue und rote Fische gleiten an ihnen vorbei, die Pflanzen sehen verschlungen und geheimnisvoll aus.

Als sie tiefer kommen, dringt ein seltsames, gleichmäßiges Geräusch durch die Algenwälder zu ihnen.

Bobby schwimmt mit ihnen zu einem Ort, der so voller Wasserblasen ist, dass man fast gar nichts erkennen kann.

Das Geräusch wird lauter, und die Wasserblasen immer dichter.

»Da unten sitzt Maritim, unser Thronfolger«, erklärt Nautus. »Das Geräusch kommt von seinem Schluckauf, und der macht auch diese vielen, vielen Wasserblasen.«

Bobby setzt Oliver, Moritz und Püppi auf dem Meeresboden ab, direkt vor einem Thron aus Korallen. Darauf sitzt ein schmächtiger Junge, der Nautus sehr ähnlich sieht. Er wird geschüttelt vom Schluckauf! Hinter großen Meereskakteen verstecken sich viele andere Meerwesen. Nur Lulla, die Meerhexe, sitzt neben Maritim.

»Er soll den Atem anhalten«, sagt Moritz zu Nautus. Es klingt ganz blubberig. »Und wenn das nicht hilft, musst du ihm auf den Rücken hauen!«

Es hilft gar nichts.

»Maritim soll kräftig schlucken und dabei das Kinn auf die Brust drücken«, schlägt Oliver vor.

Für kurze Zeit hilft das. Einen Moment lang ist es ganz still – aber dann fängt der Schluckauf unerbittlich wieder an.

Püppi bückt sich, um einen kleinen Krebs zu

verscheuchen, der sie in den Fuß zwickt. Da fällt ihr das versteckte Messer aus dem Gürtel.

Sie hebt es auf – und was passiert da?

Der kleine Maritim schaut mit vor Angst aufgerissenen Augen auf das Messer und – der Schluckauf ist weg.

Vor Schreck ist er weggegangen.

Alle warten gespannt. Aber der Schluckauf kommt nicht wieder! Die Meerwesen kommen jubelnd herbei. Nautus und Bobby lachen, und der kleine Maritim ist noch ganz verwundert.

Die Meerhexe gibt den drei Piraten eine kleine Pfeife. »Das ist eine Zauberpfeife«, sagt sie, »damit könnt ihr Bobby immer rufen, wenn ihr Hilfe braucht.«

Als Belohnung schenken die Meerwesen ihnen noch einen Sack voll glänzender weißer Kügelchen und winken zum Abschied.

»War das ein wunderschönes Erlebnis«, sagt Oliver, als Bobby sie zu ihrem Schiff bringt.

»Aber diese komischen Kügelchen da«, meint Püppi, »die sind nichts wert – das ist ja weder Gold noch Edelsteine. Aber das macht ja nichts.«

Und die drei kleinen Piraten wundern sich, warum Bobby lacht, dass die Wasserblasen nur so blubbern.

Die großen Piraten

»Endlich, da kommt's!«, ruft Oliver vom Mastkorb herab.

»Was kommt?«, fragt Püppi. Sie ist mit einem Eimer voll Linsen beschäftigt.

»Das Schiff, das wir ausrauben werden, ein richtig schönes Schiff!«, schreit Oliver. Er klettert die Wanten herunter.

Püppi setzt ihre schwarze Augenklappe auf und fragt: »Habt ihr Degen und Messer griffbereit?« Sie hissen die Piratenflagge und Moritz legt die Enterhaken zurecht.

»Hoffentlich machen wir große Beute«, freut er sich.

Auf einmal sieht Oliver gar nicht mehr so munter aus. »Schaut euch mal das Schiff, genau an«, sagt er langsam. »Das ist kein normales Schiff!«

»Das hat ja eine Piratenfahne«, schreit Püppi. »Das ist auch ein Piratenschiff, und zwar ein großes! Was jetzt?«

»Nur Mut, Leute«, ruft Moritz, »sollen wir etwa ängstlich aussehen!?«

Auf dem großen Dreimaster sieht man jetzt mehrere große, kräftige und bärtige Männer an Deck stehen.

»Ahoi«, brüllt der Kapitän herüber.

»Wer seid ihr denn?«, antwortet Oliver lässig und spuckt über die Reling.

»Haha, noch nie was vom Großen Ben gehört?«, tönt der Kapitän mit tiefer Stimme. »Das bin ich. Haha, und meine Männer hier sind auch nicht ohne!«

»Noch nie was von uns gehört, he?«, fragt Moritz und stellt sich breitbeinig hin.

»Kleine Milchgesichter, die Piraten sein wollen! Wie niedlich!«, lacht der Große Ben. »Na, Kinderchen, haben wir Schätze an Bord, hm?«

Püppi stemmt ihre Arme in die Hüften.

»Wir suchen ja selbst nach Beute«, ruft sie. Auch sie spuckt jetzt über die Reling.

»Wir können sie als Sklaven mitnehmen«, knurrt einer der Männer. Er hat ein Holzbein.

»Also einen können wir nehmen, Jim. Zum Deckschrubben und so weiter. Drei essen zu viel«, lacht der Große Ben. »Den da« – er deutet auf Oliver – »der ist am kräftigsten!« Ein Enterhaken wird geschwungen, und schon sind der Große Ben und Jim bei den kleinen Piraten.

Püppi wirft ihr Messer haarscharf an Bens Hals vorbei, und als der sich duckt, haut sie ihm den Linseneimer über den Kopf. Der Große Ben lässt seinen Degen fallen. Moritz beißt Jim in die Hand, und Oliver tritt gegen sein Holzbein.

Da kommen noch drei andere große Piraten herüber. Püppi langt in die Wanne mit den Fischen, die sie gefangen haben. Einen klatscht sie einem Piraten auf die Backe, einen zweiten wirft sie Jim ins Gesicht. Jim jault laut auf, der andere Pirat klaubt sich angeekelt den Fisch vom Gesicht und wirft ihn ins Meer.

Aber gegen fünf große Männer wird der Kampf immer aussichtsloser für die drei kleinen Piraten, und am Schluss haben die großen Piraten den zappelnden Oliver auf ihrem Schiff.

»Wer sich von euch hier herüberwagt, der kann was erleben, euren Freund habt ihr zum letzten Mal gesehen!«

»Wir lassen dich nicht im Stich, Oliver!« schreien Moritz und Püppi.

»Ja, ja, Kindergeschwätz«, ruft der Große Ben, »los, Leute, Anker lichten!«

In der beginnenden Nacht merken die großen Piraten nicht, dass Moritz und Püppi ihnen mit ihrem Schiff folgen.

Gegen Mitternacht fährt das kleine Schiff langsam an das große Schiff heran.

Moritz steckt sein Messer in die Hose, lässt sich leise ins Wasser, schwimmt zum großen Schiff und klettert dort lautlos über die Reling. Von allen Seiten hört er das laute Schnarchen der Männer. Viele Rumflaschen stehen herum.

Da ist Oliver! Er ist an den Mast gefesselt. Moritz will sich hinter ihn schleichen – da stolpert er über eine Rumflasche, die mit lautem Geschepper das Deck entlangrollt. Schnell duckt sich Moritz.

»Was ist denn da los?«, brüllt ein Pirat in Moritz' Richtung. Aber dann dreht er sich zur Seite und fängt wieder an zu schnarchen. Im Handumdrehen ist Oliver befreit, und er und Moritz lassen sich vom Schiff ins Meer hinunter. Dabei macht es sehr laut »platsch!« – aber wieder passiert nichts.

So schwimmen sie unbemerkt zu ihrem Schiff und zu Püppi zurück.

Während sie durch die Nacht segeln, meint Oliver: »Ich wusste, dass ihr mich retten würdet!«

»Ist doch klar«, sagt Moritz.

Die Schatzkiste

Püppi, Oliver und Moritz putzen ihre Degen und Messer, wie sich das für richtige Piraten gehört. Püppi seufzt: »Ich will endlich einen Schatz erbeuten!«

»Vieles, was wir von zu Hause mitgenommen haben, ist eigentlich sehr wertvoll«, sagt Moritz.

»Ja, das ist bereits ein Schatz«, meint Oliver.

»Überlegt mal«, sagt Moritz, »das ist gefährlich, immer damit rumzufahren! Andere Piraten könnten uns das alles mal abnehmen! Der Große Ben mit seinen Männern zum Beispiel!«

»Niemals bekommt der die Meerschaumpfeife von meinem Opa!«, ruft Oliver.

»Und den schönen Bernsteinring von Tante Lulu will ich auch behalten!«, erklärt Püppi.

»Und ich den kleinen silbernen Elefanten aus Indien und das Nähzeug von diesem alten Seemann damals«, seufzt Moritz.

»Das ist aber gar nicht wertvoll«, meint Oliver.

»Aber eine schöne Erinnerung!«, sagt Moritz.

»Komisch, all diese Sachen haben wir nicht geraubt«, meint Püppi.

»Wir sind ja noch Anfänger«, tröstet Oliver.

Wohin also mit ihrer kleinen Schatzkiste, in der alle diese Sachen drin sind?

Ganz klar: Sie muss vergraben werden, auf der nächsten Insel, an der sie vorbeikommen. Wer kann am besten malen? – Oliver. Der malt die Schatzkarte dazu.

»Da – die Möweninsel!«, ruft Püppi vom Mastkorb herunter. »Kurs Nordwest!«

Die drei kleinen Piraten legen am Strand an, holen die Schatzkiste unter der kaputten Holzbohle neben dem Kajüteneingang hervor und nehmen einen Spaten, Tinte und Pergamentpapier mit. Unter einer einsamen Palme, neben vielen großen Steinen, buddeln sie ein tiefes Loch, stellen die Kiste hinein und schaufeln alles wieder mit Erde zu.

»Hast du dir alles gemerkt?«, fragt Püppi Oliver. »Jetzt musst du es gut aufzeichnen, damit wir den Platz wiederfinden.«

Oliver zeichnet die Insel, die Möwen, die Steine, die einsame Palme, den Berg dahinter und die drei Gummibäume davor ein.

Da, wo der Schatz liegt, malt er ein dickes Kreuz.

Dann zerreißt er das Papier in drei Stücke.

»Spinnst du!«, ruft Püppi. »Unsere schöne Schatzkarte!«

»Das ist doch alter Piratenbrauch«, erklärt Moritz. »Jeder bekommt ein Stück Karte, und wenn wir drei zusammen sind, können wir die Stücke zusammenlegen und den Schatz wiederfinden.«

»Klasse! Wenn irgendein fremder Pirat einen von uns gefangen nimmt, kann er mit dem einen Stück Karte gar nichts anfangen«, sagt Püppi begeistert.

Die drei kleinen Piraten gehen zu ihrem Schiff zurück. Da dreht sich Püppi noch mal um.

»Nein!«, ruft sie. »Der Affe da! Der gräbt gerade unseren Schatz aus! Der hat uns zugeschaut und macht uns jetzt nach!«

Schnell laufen sie zurück, aber es ist zu spät: Der Affe hat die kleine Kiste schon aus der Erde geholt und klettert damit auf einen Baum.

»Das gibt's doch nicht!« Moritz muss lachen. »Erst haben wir Angst, dass Piraten uns unseren Schatz abnehmen, und jetzt macht's ein Affe!«

Sie schütteln die Palme ein bisschen, aber der Affe bleibt kreischend auf dem Baumwipfel sitzen, die kleine Kiste unter dem Arm.

»Ich habe eine Idee«, sagt Püppi. »Wir nehmen jetzt jeder einen großen Stein und werfen ihn auf den Boden, immer wieder!«

Und wieder macht der Affe es ihnen nach: Er wirft die Schatzkiste, wie sie die Steine.

Sie fällt auf den Boden. Schnell läuft Oliver hin und holt sie. Die drei kleinen Piraten laufen zu einer anderen Stelle auf der Insel, vergraben die Kiste dort und machen auf der Schatzkarte ein zweites Kreuz.

Moritz dreht sich um. »Oh nein!«, ruft er. Der Affe ist ihnen gefolgt.

»Wir müssen ihn fangen«, beschließt Püppi.

Püppi lenkt den Affen ab, während Moritz und Oliver sich von hinten an ihn anschleichen und . . .

»Wir haben ihn!«, rufen sie. »Was jetzt?«

»Wir nehmen ihn mit«, entscheidet Püppi, »und nennen ihn Coco.«

Die Prinzessin

»Da ist ein großes Schiff«, schreit Oliver aufgeregt. »Endlich erbeuten wir einen Schatz!«

»Endlich kapern wir mal ein Schiff!« Moritz zieht sich sein Piratenkopftuch über.

»Die Piratenfahne hissen!«, befiehlt Püppi. »Macht die Enterhaken bereit!«

In schneller Fahrt steuern die drei kleinen Piraten auf das fremde Schiff zu und ziehen ihr Schiff mit den Enterhaken ganz nah heran. Dann springen sie über die Reling.

»Tod oder Leben!«, ruft Püppi. »Äh, Quatsch! Geld oder Leben!«

Aber niemand ist zu sehen.

»Wo sind denn alle?«, fragt Moritz enttäuscht.

Hinter dem Laderaum zieht Oliver einen alten Mann hervor.

»Ich bin nur der Diener«, stammelt er, »die Herrschaften machen einen Ausflug auf die Insel. Ich hab kein Geld!«

Sie durchsuchen die Passagierräume, aber etwas Wertvolles finden sie nicht – nur abgeschlossene Koffer!

»Wenn wir schon mal ein Schiff kapern!«, seufzt Püppi enttäuscht.

»Sollen wir die Koffer auf unser Schiff schleppen?«, fragt Moritz.

»Zu schwer«, murrt Oliver.

Hat sich da in der Kajüte nicht was bewegt?

Püppi und Moritz gehen hinein. Da sitzt ein Mädchen in ihrem Alter mit blonden, langen Haaren in einem rosa Spitzenkleid, schwarzen Lackschuhen und weißen Knie-strümpfen. Sie sitzt auf einem niedlichen, kleinen Stuhl.

»Den nehme ich dir schon mal weg«, sagt Püppi, nimmt den Stuhl und löst dem Mädchen ein silbernes Armband vom Arm.

»Ihr seid Piraten, nicht?«, fragt das Mädchen.

»Und wie!«, sagt Püppi

Das Mädchen verzieht keine Miene.

»Hast du denn keine Angst vor uns?«, fragt Moritz

»Prinzessinnen haben keine Angst«, sagt das Mädchen.

»Ich bin Brigitta, Prinzessin von Venezien.«

»Ja herrlich«, ruft Moritz, »dann entführen wir sie und bekommen Lösegeld!«

»Oliver, komm her«, schreit Püppi. »Wir entführen eine Prinzessin!«

Die Prinzessin gibt Oliver so huldvoll die Hand, dass Püppi anfängt, sich zu ärgern.

Sie bringen die Prinzessin auf ihr Schiff. Den Diener lassen sie zurück. Er soll Brigittas Vater erzählen, was passiert ist.

»Wo schlafe ich?«, fragt Brigitta.

Oliver und Moritz wuseln um sie herum und bereiten ihr ein Lager.

»Wir müssen sie gut behandeln, sie ist wertvoll«, meint Oliver.

Püppi beißt auf ihren Zopf, stampft einmal mit dem Fuß auf und sagt gar nichts.

Am nächsten Tag lässt sich Brigitta alles zeigen: Sie steht am Steuer, sie verknotet ihr rosa Kleid und steigt in die Wanten, sie schaut mit Coco vom Mastkorb herunter.

Oliver und Moritz sind begeistert, und Püppi grollt vor sich hin.

Nur weil sie Prinzessin ist, braucht sie sich gar nichts einbilden, denkt sie.

Am zweiten Tag putzt Brigitta alle Degen der kleinen Piraten und lernt Linsen kochen.

Das gefällt Püppi.

Am dritten Tag will Brigitta das Deck schrubben. Sie hilft Püppi beim Besticken der Piratenflagge, und sie ziehen ein bisschen über Oliver und Moritz her.

Das gefällt Püppi wieder.

Am vierten Tag muss Brigitta in die Kajüte und wird dort von Oliver bewacht, denn es nähert sich ein kleines Schiff mit Brigittas Vater und einigen seiner Männer.

»Wo ist sie?«, brüllt Brigittas Vater, als er aufs Schiff kommt. »Was habt ihr mit meiner Tochter gemacht?«

»Die Prinzessin wird von einem von uns bewacht, der bis an die Zähne bewaffnet ist. Eine falsche Bewegung und sie ist tot«, sagt Moritz.

Jetzt macht es sich nicht gut, dass man Brigitta kichern hört.

»Wir wollen Lösegeld für Brigitta«, fordert Püppi. »Dreißig Goldmünzen!«

Der Fürst zückt plötzlich einen Revolver. »Ich nehme meine Tochter sofort mit!«, schreit er.

»Nur gegen Lösegeld!« Brigitta stößt die Tür auf. »Bin ich dir das etwa nicht wert, Papa? Aber ich will noch hier bleiben, mindestens eine Woche! Zu Hause langweile ich mich so sehr!«

»Meine Tochter ist ein verlottertes Piratenmädchen geworden«, schimpft der Fürst.

»Nur für kurze Zeit, Papa«, bittet Brigitta.

Ohne ein weiteres Wort verlässt der Fürst mit seinen Männern das Schiff.

Die drei kleinen Piraten und Brigitta verleben eine herrliche Woche zusammen.

»Willst du nicht ganz bei uns bleiben, Brigitta?«, fragt Püppi, »du könntest eine gute Piratin werden.«

Da ist Brigitta sehr gerührt.

»Nein, ich muss zurück«, sagt sie, »das kann ich meiner Mama nicht antun.«

Und so kommt der Fürst wieder, wirft wütend ein Ledersäckchen mit dem Lösegeld auf das Deck und holt Brigitta. Gerade als Brigitta über die Reling steigt, hält Püppi sie zurück.

»Hier, dein Silberarmband«, sagt sie, »es ist doch deins.«

»Nein, du hast es mir so schön geraubt«, lacht Brigitta, »behalte es – als Erinnerung!«

Moritz geht es schlecht

Gerade bringt Oliver das Mittagessen: Zwieback mit Linsen. »Ich kann dieses Essen nicht mehr sehen«, ruft Moritz. »Zwieback und Linsen – Linsen und Zwieback! Was ist mit leckerem Fisch?«

»Wir haben heute keinen Fisch gefangen«, sagt Oliver und rubbelt an seinem Ohrring.

»Ist von dem Fisch von vorgestern nicht noch was da?«, fragt Moritz.

»Den würde ich nicht essen«, meint Püppi, »der könnte schon schlecht sein.«

Moritz holt den Fisch und lässt die anderen daran riechen. Alle lachen, weil der Affe Coco sich vordrängelt und auch an dem Fisch riecht.

»Der riecht nicht mehr so gut«, meint Oliver.

»Ich esse ihn auch nicht«, sagt Püppi und knabbert an ihrem Zwieback.

»Aber ich brat ihn mir«, ruft Moritz, zieht sich eine Schürze über und brät den Fisch.

Der Affe Coco nascht immer an allem, aber Püppi zieht ihn von Moritz' Teller weg.

»Schmeckt doch gut«, sagt Moritz und isst den ganzen Fisch auf.

Aber der Fisch war nicht mehr gut.

Schon nach kurzer Zeit wird Moritz übel. Der kleine Pirat Moritz jammert und jammert und wird immer grüner im Gesicht.

Aufgeregt läuft Coco hin und her.

Am Horizont taucht das Schiff der Fischer Sven und Ole auf.

Püppi winkt sie herbei.

»Kein Fisch, bloß kein Fisch jetzt«, jammert Moritz.

»Ich will doch keinen Fisch von Sven und Ole, sondern einen Rat«, tröstet Püppi.

Sie erzählt den Fischern, dass Moritz schlechten Fisch gegessen hat.

»Moritz hat eine Fischvergiftung«, sagt Sven. »Er muss zu Merinda, der Medizinfrau. Sie kann ihm helfen.«

Und Sven und Ole erklären Oliver und Püppi genau, auf welcher Insel Merinda wohnt, und wie man dorthin kommt.

Moritz geht es so schlecht, dass er gar nicht richtig merkt, dass sie auf einer Insel landen und eine Weile auf Pfaden durch den Urwald gehen.

Und dann stehen sie vor Merindas Hütte.

Auf einem Sessel in dem schummrigen Zimmer liegt ein kleines rosa Schwein und blinzelt mit den Augen.

Merinda hat Knochenstücke und bunte Bänder im Haar und ein Tierfell um die Hüften. Von den Händen bis zu ihren Schultern hat sie schlangenhafte Tätowierungen auf ihrer dunklen Haut, und wenn sie sich bewegt, haben die kleinen Piraten den Eindruck, als ob sich die Formen an den Armen auch bewegen würden, wie Tiere.

Gerade hat sie einem Mann geholfen, indem sie ihm ein weißes Huhn auf den Kopf gesetzt hat. Das Huhn flattert jetzt neben sie, und sie wendet sich Moritz, Oliver und Püppi zu.

Püppi will erzählen, weshalb Moritz kommt, aber Merinda winkt ab.

Sie nimmt kleine Knochen aus einem Beutel, würfelt sie auf eine Holzplatte und murmelt etwas.

Sie schaut auf das Muster, das die kleinen Knochen ge-
bildet haben. »Aha«, murmelt sie. »Oh ja.«

Sie mischt Tropfen aus mehreren Flaschen in einer
Tasse und streut noch etwas aus einem Beutel hinein.

Dann trinkt sie es mit einem Zug aus. »Aah!«, sagt sie
und setzt sich wieder vor Moritz hin.

Sie fasst an Moritz' Stirn, die vielen Armbänder an
ihren dicken Armen klirren.

»Ist nicht schlimm«, sagt sie.

Dann fasst sie an Moritz' Hals. Die Armbänder klirren.

Kurz ruft sie etwas zur Hüttentür, und die Menschen, die dort neugierig hereingeschaut haben, verschwinden.

Jetzt fasst sie Moritz' Handgelenk an. Wieder klirren die Armbänder.

Nun greift sie in mehrere Beutel, reibt drei verschiedene Pflanzen in ihrer Hand – dabei klirren die Armbänder besonders laut – und legt sie in heißes Wasser.

Nach einer Weile gibt sie Moritz den Topf: »Trink drei Schlucke«, befiehlt sie.

Das macht Moritz mit großer Mühe.

Püppi schiebt Coco zu Merinda hin.

»In letzter Zeit hustet er öfters«, sagt sie.

Merinda nimmt einen Löffel und flößt Coco denselben Trank ein, den Moritz getrunken hat.

Püppi bedankt sich und gibt Merinda ein paar Münzen.

»Ein Mädchen als Pirat – nicht schlecht«, grinst Merinda.

»Woher weiß sie, dass ich Piratin bin?«, wundert sich Püppi später.

»Eine Medizinfrau kann eben viel«, sagt Moritz.

Er ist wieder gesund.

Ein Fressen für die Haifische

Auf dem Piratenschiff ist es gerade richtig gemütlich. Da taucht auf einmal ein großer Dreimaster auf. Die drei kleinen Piraten erkennen ihn sofort: Es ist das Piratenschiff vom Großen Ben!

Alle Piraten stehen an der Reling, und Oliver, Püppi und Moritz merken sofort: Die haben nichts Gutes vor. Heimlich nimmt Püppi das Ledersäckchen mit dem Lösegeld für Brigitta und dem Silberarmband an sich. Das ist der Anfang von ihrem Schatz.

»Was habt ihr vor?«, ruft Moritz den großen Piraten zu.

»Wir wollen keine anderen Piraten hier in der Gegend, und wir brauchen immer noch jemand, der uns das Deck schrubbt!«, lacht der Große Ben.

»Und diesmal lassen wir keinen zurück, der die anderen befreien kann!« Jim kichert so sehr, dass man seine große Zahnlücke sieht.

»Da müsst ihr uns schon holen!«, ruft Oliver.

Die drei kleinen Piraten wehren sich, so gut sie können, mit ihren Messern und Degen. Aber die großen Piraten sind zu stark!

Traurig schauen die drei kleinen Piraten auf ihr Schiff zurück, auf dem verlassen ihr Affe sitzt. Werden sie Coco jemals wiedersehen?

»He, Käpt'n«, ruft einer der Piraten, »das eine Kind hier ist ein Mädchen!« Er schubst Püppi von Moritz und Oliver weg.

»Oh, die können wir teuer als Sklavin verkaufen«, grinst Ben.

»Niemals!«, ruft Püppi und will nach dem kleinen Messer greifen, das sie noch in ihrem Gürtel versteckt hat.

Da fällt mit lautem Plumps das Säckchen mit den Goldstücken zu Boden.

Schwupps – hat sich ein Pirat gebückt und das Säckchen aufgehoben.

»Oh, was haben wir denn da?« Jim humpelt herbei und macht das Säckchen auf.

Püppi, Moritz und Oliver werfen sich traurige Blicke zu. Ihr schöner Schatz!

Jim und Ben lachen und kichern glücklich, aber plötzlich springt Püppi Jim an und schnappt sich das Säckchen! »Wenn wir es nicht haben, soll es keiner haben«, ruft sie und wirft es in hohem Bogen ins Meer.

Die großen Piraten jammern, ächzen und stöhnen vor Wut.

»Die schönen Goldmünzen!«, rufen sie.

»Das wertvolle Armband!«

»Das vor unseren Augen ins Meer zu werfen! So was können sich Piraten niemals bieten lassen!«

»Das Kinderpack sollte man ins Meer schubsen!«

»Den Haifischen vorwerfen!«

»Ja, den Haifischen vorwerfen!«

»Jawohl, den Haifischen vorwerfen«, donnert der Große Ben.

Jetzt bekommen Oliver und Moritz es mit der Angst zu tun und wundern sich, dass Püppi immer auf ihren Hals zeigt. Was bedeutet das?

»Also Kinder«, sagt der Große Ben, »habt ihr noch einen letzten Wunsch?«

Noch bevor Moritz was sagen kann, meldet sich Püppi: »Ja, wir wollen ungefesselt ins Meer und selber von der Reling springen!«, sagt sie.

»In Ordnung«, lacht Ben. »Ihr wollt noch eine Weile herumschwimmen. Aber das wird euch vor den Haifischen nicht retten.«

Moritz und Oliver ist jetzt sehr mulmig zumute. Immer wieder sieht man kleine schwarze Dreiecke aus dem Meer ragen – Haifischflossen. Sollen das wirklich ihre letzten Augenblicke sein?

Die Kinder werden an die Reling gebracht. Die Piraten grinsen hämisch.

Mutig springt Oliver als Erster, dann Püppi und als Letzter Moritz.

Nacheinander tauchen sie schnaubend wieder an der Wasseroberfläche auf. Püppi lacht glucksend. »Püppi!«, schreit Moritz, »wir werden hier gleich von den Haifischen gefressen, und du kannst immer noch lachen?!«

»Habt ihr nicht verstanden, warum ich immer auf meinen Hals gezeigt habe?«, ruft Püppi. »Da habe ich doch die Pfeife hängen, mit der ich Bobby rufen kann!« Und sie bläst einmal über Wasser und einmal unter Wasser kräftig in die Pfeife.

Immer näher kommen die Haifische!

Da – einer ist schon besonders nah, er öffnet sein breites Maul mit den vielen Zähnen!

Und da – eine Riesenwelle! Bobby, das schlangenhafte Seeungeheuer ist da und nimmt sie auf seinen Schuppenrücken.

»Da bin ich ja gerade richtig gekommen!«, sagt Bobby. Zurück bleiben auf einem schaukelndem Schiff vor Schreck erstarrte große, bärtige Piraten.

»Wir haben zwar die Goldmünzen und das Armband verloren«, meint Oliver fröhlich, »aber wir haben ein tolles Abenteuer bestanden!«

»Und wir haben gemerkt, dass Freunde einem helfen, wenn man Hilfe braucht«, lacht Püppi.

»Das ist vielleicht das Schönste, was es gibt auf der Welt«, sagt Moritz.

Die Flaschenpost

Die drei kleinen Piraten Oliver, Püppi und Moritz liegen an Deck in ihren Hängematten. Oliver schaut Moritz beim Lesen in einem Buch zu.

Eigentlich sind Bücher Quatsch, denkt Oliver, aber ein bisschen ärgert er sich doch, dass Moritz lesen kann und er nicht.

»He«, sagt er zu Moritz, »du bist mit Deckschrubben dran!«

Moritz steigt seufzend aus seiner Hängematte.

Da entdeckt er etwas im Meer. »Hier schwimmt etwas«, ruft er.

Schnell haben sie es herausgefischt. Es ist eine Flasche, in der ein Stück Papier steckt.

»Eine Flaschenpost«, jubelt Moritz.

»Lies mal«, sagt Oliver und denkt: Gott sei Dank kann Moritz lesen!

Auf dem Zettel steht »Hilfe! Mein Schiff ist bei der Felseninsel gestrandet! Holt mich hier weg! Theodor.«

Alle kennen die Felseninsel. Niemand betritt sie gerne, weil man wegen der Felsen und unterirdischen Riffe dort kaum ans Ufer kann.

Aber die drei wagen es und bringen ihr Schiff zwischen den Riffen, die die Nachmittagssonne unter Wasser gut beleuchtet, an Land.

Sie sehen sofort Theodors Schiffswrack.

»Hoffentlich finden wir ihn«, sagt Püppi.

Moritz überlegt laut: »Eigentlich sind wir aber keine Retter, sondern Piraten. Habt ihr das vergessen?«

»Piraten können auch mal retten«, meint Oliver, »Schiffbrüchigen muss man helfen«, und springt an Land.

Und schon bald finden sie Theodor! Der bärtige junge Mann in zerlumpten Kleidern freut sich sehr, dass sie seine Flaschenpost gefunden haben.

»Theodor, hol deine Sachen«, sagt Oliver, »jetzt kannst du endlich hier weg!«

»Ach«, lacht Theodor, »eigentlich will ich gar nicht mehr weg! Ich hab hier Freunde gefunden!«

Er zeigt auf den Palmenwald. Dort stehen drei Eingeborene, die die drei kleinen Piraten anlachen.

»Setzt euch«, Theodor bietet jedem von ihnen eine safti-
ge Mango an. »Wisst ihr, warum ich hier überhaupt gestrandet bin?«, erzählt er. »Ich bin vor Piraten geflohen!
Ja, hier gibt's Piraten! Da kam so ein Piratenschiff mit
Piratenflagge . . .«

»Lila mit Rot?«, fragt Püppi, denn das könnten ihre El-
tern gewesen sein.

»Nö, Schwarz mit Weiß«, sagt Theodor, »und als ich vor
dem Schiff floh, bin ich auf dieser Insel auf das Riff ge-
laufen, und mein Schiff war kaputt!«

»Hattest du denn so viele wertvolle Sachen dabei, dass
du fliehen musstest?«, fragt Oliver interessiert.

»Nein, gar nicht«, sagt Theodor, »aber ich habe einfach

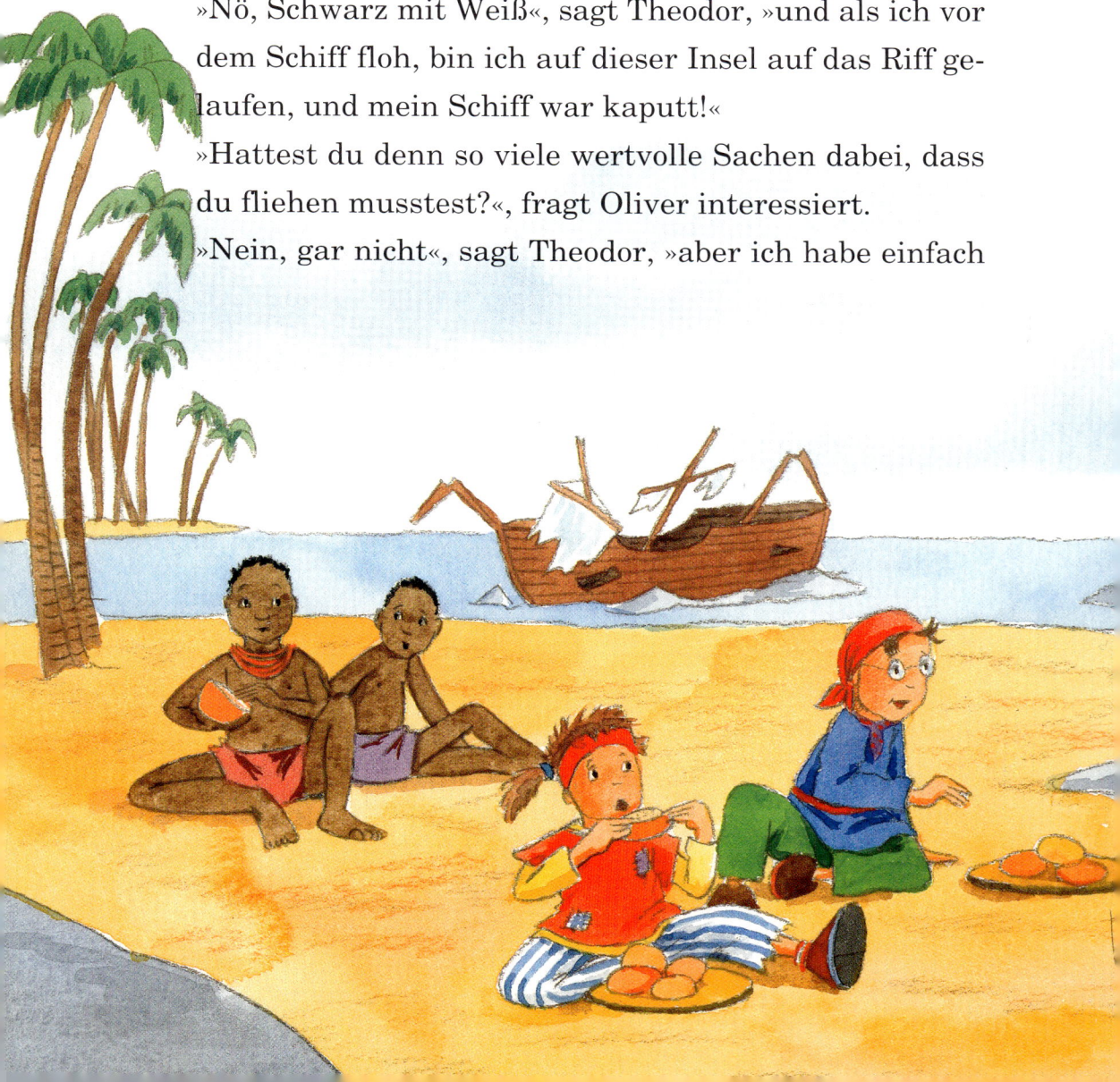

Angst vor Piraten! Anfangs war es furchtbar auf der Insel«, fährt er fort. »Ich hatte kein Wasser zum Trinken. Gott sei Dank haben Juma, Sombo und Omari« – er deutet auf die Eingeborenen – »mich gefunden. Wir haben solchen Spaß hier! Wir fischen jeden Tag, und schaut mal, was für herrliche Mangos hier wachsen! Und die vielen Felsen vor der Insel bieten Schutz gegen Piraten, da traut sich keiner her!«

Moritz räuspert sich: »Wir sind aber eigentlich Piraten, und wenn wir dich nicht retten sollen, dann . . . dann . . .«

Ungläubig fragt Theodor: »Ihr seid Piraten?« Dann muss er kichern: »Vor euch hab ich aber keine Angst!«

Sofort kichern Juma, Sombo und Omari mit.

Püppi kichert auch.

Aber Moritz und Oliver schweigen gekränkt.

»Hab ich was Falsches gesagt?«, fragt Theodor verlegen, »tut mir leid . . . Da ihr meine Flaschenpost gefunden habt und extra hergekommen seid . . . äh – könnt ihr mich gerne ausrauben«, sagt er tröstend.

»Wenn wir ausrauben dürfen, macht es keinen Spaß«, seufzt Moritz.

»Es ginge leichter, wenn wir ein bisschen kämpfen würden–«, überlegt Oliver.

Wieder lachen die Eingeborenen. Auch Püppi lacht: »So klappt es nicht, wir lassen das«, schlägt sie vor, »Theodor ist viel zu nett!«

»Moment«, meint Theodor, »auch wenn ihr keine Piraten wärt, hätte ich euch was mitgegeben, ich hab noch so viel Kram von meinem Schiff, wartet mal . . .«

Er geht in eine Hütte und kommt mit mehreren Sachen wieder heraus: »Hier ein Kompass, eine Matrosenmütze, eine Seekarte, zwei Bücher, ein Bild mit einer Möwe drauf . . .«

»Danke!«, rufen Moritz, Püppi und Oliver gleichzeitig.

»Noch etwas?«, fragt Theodor.

»Ganz viele Mangofrüchte«, lacht Püppi.

Der Schatz auf der Walfischinsel

Es ist tiefe Nacht. Die drei kleinen Piraten schlafen in ihren Hängematten an Deck, das Schiff schaukelt gluckernd auf den Wellen.

Da scheint ein kalter Windhauch über das Deck zu wehen. Moritz macht die Augen auf. Vor ihm steht ein Geist!

»Erschrick doch nicht, mein Junge«, flüstert das Gespenst. »Ich bin der Geist des Kapitäns Alfonso Marquez.«

Moritz schlottert vor Angst. Alfonso Marquez hat eine zerlumpte blau-rote Uniform an, aber er ist durchsichtig. »Ich geistere hier herum«, flüstert der alte Kapitän, »weil mein Schiff, die Santa Pilar, in der Nähe gesunken ist. Aber es gibt noch einen anderen Grund.«

Ein Schauer läuft über Moritz' Rücken.

In diesem Moment wacht Püppi auf. »Huch, ein Gespenst!«, murmelt sie. »Es soll morgen wiederkommen. Jetzt bin ich zu müde.« Sie dreht sich um und schläft weiter.

Hat denn Püppi vor gar nichts Angst?

»Ganz in der Nähe ist ein Schatz auf einer Insel vergraben«, raunt der Kapitän Moritz zu. »Dieser Schatz ist nur etwas für richtige Freunde, deshalb komme ich zu dir. Ich glaube, ihr drei hier seid richtige Freunde. Diesen Schatz kann man nämlich nicht teilen.«

»Wo ist der Schatz?«, haucht Moritz.

»Hör gut zu: Der Schatz liegt auf der Walfischinsel, neun Schritte südlich von einer abgebrochenen Palme neben einem schwarzen, spitzen Felsen. Dort müsst ihr graben. Macht's gut, ihr drei«, flüstert Kapitän Alfonso Marquez und – ist verschwunden.

»Die Walfischinsel kennen wir«, sagt Oliver aus seiner Hängematte heraus.

»Du hast zugehört?«, wundert sich Moritz.

»Bei diesem Gewisper konnte ich nicht mehr schlafen«, sagt Oliver aufgeregt. »Ob das stimmt, was das Gespenst gesagt hat? Lasst uns gleich hinfahren und nachschauen!« Sie wecken Püppi und nehmen Kurs auf die Walfischinsel. Dort machen sie sich mit einem Spaten auf den Weg in das Innere der Insel. Coco läuft hinter ihnen her.

»Da! Da ist eine abgebrochene Palme!« Oliver deutet nach vorne.

»Du Dummkopf!«, ruft Moritz. »Glaubst du, abgebrochene Palmen bleiben ewig abgebrochen? Die wachsen doch nach.«

»Kein Streit jetzt«, sagt Püppi, »lasst uns lieber diesen schwarzen Felsen suchen!«

»Es gibt hier nirgendwo einen schwarzen Felsen!«, ruft Oliver verärgert. Er ist wütend, weil Moritz ihn Dummkopf genannt hat. »Dein Gespenst hat Quatsch erzählt!«

Jetzt hat auch Moritz schlechte Laune. »Vergrabene Schätze zu suchen, ist ganz schön blöd«, schimpft er. »Schiffe kapern macht mehr Spaß!«

Er setzt sich auf einen Baumstamm und putzt seine Brille. Da kommt Affe Coco herbeigesprungen, nimmt die Brille, setzt sie sich auf und verschwindet damit auf einen hohen Baum!

Oliver klettert sofort hinterher. Oben auf dem Baum kann er Coco die Brille vorsichtig abnehmen. Und was sieht er, als er vom Baum runterschaut? Einen schwarzen Felsen!

Und die Palme dort drüben sieht aus, als wäre sie mal abgebrochen und wieder nachgewachsen!

Jetzt noch neun Schritte nach Süden. Sie graben eine Weile – und finden eine Schatzkiste! Mit einem Stein hauen sie das rostige Schloss auf. Und was sehen sie in der morschen, alten Kiste?

Eine wunderschöne Maske aus purem Gold! Und einen vergilbten, alten Zettel.

»Ein richtiger Schatz!«, flüstern Moritz, Püppi und Oliver ehrfürchtig. Moritz liest vor:

Auf diesem Schatz liegt ein Fluch für den, dem Gold wichtiger ist als Freundschaft.

Wenn ihr diesen Schatz zu mehreren findet, so muss die goldene Maske euch gemeinsam gehören. Demjenigen von euch, der die Maske für sich allein nimmt oder sie zerstört, droht großes Unglück.

Alfonso Marquez, Kapitän der Santa Pilar, 19. Juli 1705

»Das ist aber ein raffinierter Fluch«, lacht Moritz, »hier werden wir geprüft, ob wir wirklich gute Freunde sind!«

»Das sind wir aber!«, ruft Oliver.

»Unsere Leute auf der Pirateninsel werden staunen!«, meint Püppi.

»Überlegt doch mal«, sagt Moritz, »die werden die Maske sofort einschmelzen und verkaufen – wir kennen sie doch!«

»Dann werden sie unglücklich!«, ruft Püppi.

»Das heißt, wir müssen den Schatz für uns behalten«, überlegt Moritz, »wir müssen ihn wieder verstecken.«

»Am besten auch auf der Möweninsel – da kommt dieser schöne Schatz hin«, schlägt Püppi vor.

»Wir werden diesen Schatz bewahren, solange wir beisammen sind«, sagt Oliver feierlich. »Und das kann lange dauern!«

Der dunkle Leuchtturm

»Schaut doch mal.« Moritz deutet aus dem Fenster der Kajüte. »Es ist doch schon dunkel, aber der Leuchtturm auf der Delfininsel ist schon wieder nicht an! Das ist das dritte Mal, dass ich ihn nicht leuchten sehe!«

»Stimmt«, sagt Püppi. »Vielleicht ist er kaputt!«

»Vielleicht«, überlegt Moritz, »ist dem Leuchtturm-wärter aber auch was passiert. Oder der Leuchtturm soll gar nicht mehr leuchten.«

»Dann müssen wir hin«, ruft Oliver, »da können wir bestimmt was finden.«

Es ist leicht, an dieser Insel zu landen, und der Mond weist ihnen den Weg.

Quietschend geht die Tür zum Turm auf, und die drei tapsen im Finstern die lange Wendeltreppe hoch.

Plötzlich bleiben sie stehen – war da nicht ein Geräusch?

Moritz geht drei Stufen weiter und hält dann die anderen fest.

Wieder ein Geräusch über ihnen, das plötzlich aufhört.

»Da geht jemand über uns«, wispert Püppi.

Sie gehen weiter, bis sie in den großen Raum kommen, wo die Lampe steht. Er ist ganz dunkel. Moritz, Oliver und Püppi tasten sich vorwärts.

»Ich hab eben jemanden atmen gehört«, flüstert Moritz.

»Sollen wir wieder gehen?«, fragt Oliver leise.

Moritz schaut sich um. Wieder hört er ein schwaches Atmen irgendwo im Raum. Nein, da bei der Kommode!

»Pssst«, macht Moritz und schleicht sich zur Kommode. Wer hockt dahinter? Mit einem Ruck zieht Moritz jemanden hinter der Kommode hervor! Es ist ein Junge, so groß wie sie, der sich verzweifelt wehrt.

»Wer bist du denn?«, fragt Püppi.

»Sag ich nicht«, murmelt der Junge.

»Gehörst du zum Leuchtturm?«, fragt Oliver. »Wo ist der Leuchtturmwärter?«

»Ich habe einem Kapitän erzählt, dass ich meinen Vater suche. Der war auf einem Schiff und ist entführt worden«, sagt der Junge. »Da hat der Kapitän mich hier abgesetzt, weil hier immer viele Seefahrer landen und deshalb der Leuchtturmwärter über alles Bescheid weiß, was auf dem Meer passiert. Aber schaut mal in das Leuchtturmwärterbuch da!«

Moritz liest vor: »Laut Befehl der obersten Marinebehörde habe ich den Leuchtturm am Ersten des Monats ausgeschaltet und verlassen. Xaver Ruinard.«

»Warum soll denn der Leuchtturm nicht mehr leuchten?«, fragt Püppi.

In diesem Moment geht unten die Tür zum Leuchtturm quietschend auf. Unter großem Gepolter kommen Leute die Treppe hoch.

Klack, klack, klack macht es zwischendurch.

Oliver weiß sofort, wer da kommt: Klack, klack macht das Holzbein von Jim, dem Piraten.

Alle Kinder ducken sich jetzt hinter die große Kommode, auch der fremde Junge.

Jemand macht eine Taschenlampe an. Richtig, es ist der Große Ben mit Jim und noch einem anderen Piraten.

»Niemand da«, sagt Ben, »aber auch nicht viel zu holen.«

Sie kramen ein bisschen in den Tischschubladen herum.

»Was wertvoll war, hat wohl der Leuchtturmwärter mitgenommen«, sagt Jim mürrisch. »Aber warum ist der Alte nicht mehr da?«

Zum Erstaunen der drei kleinen Piraten erhebt sich jetzt der fremde Junge hinter der Kommode und geht

zu den Männern. »Ihr seid Piraten, stimmt's?«,
fragt er. »Ich bin auf der Suche nach meinem Vater. Es heißt, Piraten haben ihn entführt.«

Der Große Ben schaut den fremden Jungen belustigt an: »In letzter Zeit haben wir niemanden entführt, aber wir können ja jetzt bei dir anfangen. So ein kräftiger Junge kann zu vielem gut sein.« Der Große Ben lacht. Der Junge sagt frech: »Ihr müsst mich aber auch pflegen.«

»Wieso das denn?«, fragt Jim argwöhnisch.

»Ja, ich hab das spanische Fieber«, sagt der Junge, »ich hab mich angesteckt, beim Leuchtturmwärter. Der ist dran gestorben, ich musste ihn begraben. Dort unten zwischen den Bäumen.«

»Das spanische Fieber hat uns gerade noch gefehlt«, grollt Ben und geht ein paar Schritte zurück.

»Nichts wie weg hier, Chef«, keucht Jim und humpelt mit seinem Holzbein bereits die Treppe hinunter, »ich fühl mich schon ganz komisch.«

Dann sind Ben, Jim und der andere Mann weg.

»Du hast doch kein spanisches Fieber«, grinst Moritz.

»Nein, das war gelogen«, sagt der Junge, »und der Leuchtturmwärter war schon weg, als ich hier ankam. Aber wie komme ich jetzt weiter?«

»Mit uns«, ruft Oliver. »Wie heißt du?«

»Peter«, sagt der Junge, »aber meine Freunde nennen mich Peperoni.«

»Freunde kann man immer gebrauchen, Peperoni«, lacht Püppi.

Nach Hause

Die drei Piratenkinder und der Junge Peperoni hocken in den Wanten und lassen ihr Schiff vom Wind treiben.

»Ich liebe das Meer über alles«, seufzt Moritz.

»Ja, ich freue mich jeden Abend schon auf den nächsten Tag«, sagt Püppi und kaut auf ihrem Zopf herum.

»Und wie gut wir alle unsere Abenteuer überstanden haben!«, meint Oliver. »Ohne jeden Kratzer!«

»Ich habe nur eine kleine Narbe – hier.« Moritz deutet auf sein Bein.

»Ja, wo die Muräne dich neulich mal gebissen hat«, lacht Püppi.

»Wenn ich an Muränen denke . . .« Oliver schaut träumerisch.

»Was ist denn mit Muränen?«, fragt Peperoni neugierig.

»Wir sind mit unserem Papa immer –«, fängt Moritz an.

». . . Muränen fangen gegangen!«, sagen Püppi und Oliver gleichzeitig. »Das war toll!«

»Und wir haben einen Opa, der kann herrliche Geschichten erzählen«, ruft Moritz.

»Und Onkel Herbert kann tolle Kartentricks zeigen!«, lacht Oliver.

»Ich möchte mir mal wieder von Tante Lulu alle Edelsteine erklären lassen«, meint Püppi.

Peperoni hört mit großen Augen zu.

»Und Tante Mia soll uns Kokospudding machen!«, flüstert Moritz.

»Und die blöden Witze von Piratenotto wollen wir auch wieder hören!«, lacht Oliver.

Alle drei halten einen Moment inne: »Und mal wieder richtig kuscheln und knuddeln mit –«, beginnt Püppi.

». . . Mama!«, rufen Oliver und Moritz.

»Ja, warum fahren wir nicht dahin, wo ihr zu Hause seid?«, fragt Peperoni.

Die drei kleinen Piraten schauen sich an.

»Aber wir haben doch noch gar keinen Schatz erbeutet«, sagt Oliver.

»Ist doch ganz egal«, lacht Püppi. »Wir fahren nach Hause! Kurs Nord-Nordost!«

Moritz überlegt: »Aber danach segeln wir alle wieder aufs Meer!«

»Ehrensache«, sagen Oliver und Püppi.

»Und ich – darf ich auch mit?«, fragt Peperoni.

»Du musst mit!«, rufen Moritz, Püppi und Oliver.

Und dann kreuzen sie alles, was sie haben: ihre Degen, ihre Messer, ihre Löffel – alles.

Inzwischen ist auf der Pirateninsel niemand mehr so richtig glücklich. Die drei Piratenkinder fehlen jedem, selbst Herrn Deichmann und Familie Lamba. Alle sind sich einig, dass es völlig egal ist, ob die drei kleinen Piraten einen Schatz mitbringen oder nicht, wenn sie nur endlich zurückkommen.

»Ahoi!«, ruft auf einmal Tante Lulu. »Da sind sie! Sie kommen!«

Langsam fährt das kleine Schiff heran, setzt auf dem Strand auf, und die drei Piratenkinder landen auf ihrer Insel. Was für Freudenschreie! Alle wollen die Kinder umarmen! Auch der Affe Coco wird freudig begrüßt.

»Wir haben doch so wenig Kinder hier«, sagt Moritz da auf einmal.

»Wir haben noch ein Kind mitgebracht, einen Jungen, er versteckt sich gerade in der Kajüte, er ist ein bisschen schüchtern«, erzählt Püppi.

»So komm doch schon«, ruft Oliver zum Schiff hin.

Und als Peperoni herauskommt, gibt es zwei weitere Freudenschreie:

»Peperoni!« – »Papa!«

Peperoni hat seinen Vater – Herr Deichmann – wieder! Und Herr Deichmann hat seinen Sohn wieder, von dem er so lange getrennt war!

Noch mehr Schreie, noch mehr Glück! Man gehört ja zusammen auf der Pirateninsel. Alle mögen sich. Deswegen wird mit Zustimmung aller – auch der Familie Lamba selbst – der Bote mit dem Lösegeld für Herrn Lamba wieder weggeschickt.

»Einen Schatz haben wir leider nicht mitgebracht«, sagen die Piratenkinder.

»War auch nicht nötig«, sagen die Erwachsenen.

Tante Mia hilft den Kindern, die Essensvorräte vom Schiff an Land zu bringen.

Auf einmal schreit sie ganz laut: »Alle herkommen! Die Kinder wollten uns überraschen, diese Frechdachse! Schaut mal, was sie mitgebracht haben: wunderschöne Perlen! Wertvoller als manches Gold und mancher Edelstein!«

Die drei kleinen Piraten schauen erstaunt drein: Diese komischen weißen Kügelchen, die sie von ihrem Ausflug ins Meer mitgebracht haben, sollen so viel wert sein?

»Sie haben also doch einen Schatz mitgebracht, diese Schlingel!«, rufen alle.

Da schauen sich Püppi, Oliver und Moritz an – und prusten vor Lachen.

Vorlesegeschichten für 3 Minuten

978-3-401-09423-6

978-3-401-09155-6

978-3-401-09193-8

Weitere Titel in der Reihe »3-Minuten-Geschichten« erschienen:

Irma Krauß, Engelgeschichten für 3 Minuten
ISBN 978-3-401-08849-5

Nortrud Boge-Erli / Chris Boge, Feengeschichten für 3 Minuten
ISBN 978-3-401-08745-0

Isabel Abedi, Abenteuergeschichten für 3 Minuten
ISBN 978-3-401-08751-1

Christa Zeuch, Mutgeschichten für 3 Minuten
ISBN 978-3-401-08442-8

Ingrid Kellner, Gutenachtgeschichten für 3 Minuten
ISBN 978-3-401-08340-7

Jutta Langreuter, Teddygeschichten für 3 Minuten
ISBN 978-3-401-08410-7

Arena

Jeder Band:
Ab 4 Jahren.
Durchgehend farbig illustriert.
www.arena-verlag.de